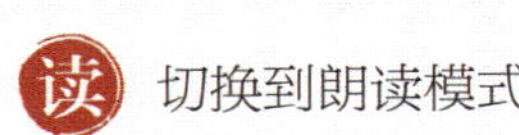
读 切换到朗读模式

释 切换到注释模式

评 听对应点评

朗读模式：点标题听全文朗读，点正文听分句朗读。

注释模式：点角标听对应注释，点“____”听单字、词解释。

张崇伟（正文朗读）

北京卫视气象主播 /《天气预报》节目主持人 / 北京市气象局气象科普宣传大使

百花录音棚

建于 1981 年，被誉为“中国摇滚乐的圣地”。曾经为唐朝、黑豹、指南针等著名摇滚乐队提供录制服务。现在还拥有强大的配音团队，和央视等各大电视台合作，为各类题材的影视动画配音、配乐。

童年读库

—— 中华传统文化经典 ——

三字经

滕淑玲 评注

江苏凤凰文艺出版社
JIANGSU PHOENIX LITERATURE AND ART PUBLISHING, LTD

图书在版编目（CIP）数据

三字经/滕淑玲评注. --南京:江苏凤凰文艺出版社，2018. 1
（童年读库·中华传统文化经典/周维强主编. 第1辑）
ISBN 978-7-5594-1439-7

Ⅰ. ①三… Ⅱ. ①滕… Ⅲ. ①古汉语－启蒙读物 Ⅳ. ①H194. 1

中国版本图书馆CIP数据核字(2017)第291577号

三字经 滕淑玲 评注

选题策划 小萌童书
责任编辑 姚 丽
责任监制 刘 巍 江伟明
美术编辑 王金波
出版发行 江苏凤凰文艺出版社
出版社地址 南京市中央路165号，邮编：210009
出版社网址 http://www.jswenyi.com
印 刷 北京利丰雅高长城印刷有限公司
开 本 170毫米×220毫米 1/16
字 数 387千字
印 张 36
版 次 2018年8月第1版，2018年8月第1次印刷
标准书号 ISBN 978-7-5594-1439-7
定 价 208.00元（全四册）

总序

一个民族的文化，在漫长的历史过程里，总会逐渐积累起来一些比较固定的，为全民族所认同的文化传统，组成这个文化传统的基本要素，包括价值观、审美趣味、行为方式，等等。

一个民族的文化传统在形成过程中，也总会凝聚成一些经典的文本。这些文本，以文字的形式，对文化传统作出表述。这些经文字表述而形成的文本，总会对文化的传承起到促进作用。

一个民族的文化传统，也不会是在封闭的状态里形成的。历史的启示是，民族的文化传统往往会在各民族文化的大交流、大碰撞中，得到对自己更有益的养料。

自从大航海时代以来，全球化的文化交流一直是在加速度的发展之中。这样的大交流，也促进了民族文化传统的扩展、延伸和新生。

中华民族有文字记载的历史已有三千年。三千年来形成的文化传统和凝聚了文化传统的经典文本，辉耀史册。而近世以来，西风东渐，中外文化的大交流，促进了中华文化及其内涵更加丰富、深厚，推动了新的生机勃勃的文化经典的诞生。

传统是我们的根，这个根也是在不断延伸和生长的。我们在这个民族文化中的成员，应该了解我们的“根”，也应当了解在发展中的“根”，应当了解我们的“根”也不是一成不变的，以养成在今天这个“地球村”时代里一个“世界公民”所应有的修养、气度和怀抱。有鉴于此，我们发愿编辑这套“最美中华经典爱藏文库”。

这套文库的书目，既有古代历史上形成的经典读物，也包括了近世西风东渐以来产生的经典作家的作品。所谓“最美”，“最”不是排斥性的“唯一”的意思，而是一个“开放性”的“涵盖”。“美”，既包括内容，也包括形式。我们也衷心希望读者能向我们推荐认为值得纳入这套文库的书目。

海纳百川，有容乃大。

是所望焉。谨序。

周维强

2017 年春天

序

《三字经》是中国古代流传下来的一本有名的蒙学教材。

蒙学，蒙养学，即中国古代的儿童启蒙教育，大略相当于近世的幼儿至小学早期的教育。古代蒙学教育的主要教材有《三字经》《百家姓》《千字文》《千家诗》《幼学琼林》等。前四种名气更大，俗称为“三、百、千、千”。

《三字经》的内容取材于中国传统文化里的文学、历史、哲学、天文地理、人伦义理等等，天、地、人包括其中，“仁、义、诚、敬、孝”的思想渗透其间，是古代的一部综合性的蒙学读物。

《三字经》的内容，大致可以分为五个部分：

第一部分，从“人之初，性本善”到“人不学，不知义”。这部分主要讲了教育和学习的重要性。“人之初”固然“性本善”，但后天的教育和学习尤其重要，学或不学，以后的成长之路就大相径庭了。

第二部分，从“为人子，方少时”至“此十义，人所司”。这部分主要讲的是礼仪、纲常、名物和生活常识。

第三部分，从“凡训蒙，须讲究”到“考世系，知终始”。这部分主要讲了中国历代典籍和儿童读书的循序渐进。

第四部分，从“自羲农，至皇帝”到“载治乱，知兴衰”。这部分主要讲了从三皇至清代的朝代变革。

第五部分，从“读史者，考实录”至“戒之哉，宜勉力”。这部分主要讲了学习的态度和目的。

这部书，既是识字课本，也是文化读本，还是德育读本，总共不到两千字，却包罗万象。三字一句，朗朗上口，易诵易记，所以自南宋问世以来，在国内脍炙人口，流传甚广。从宋元至民国前，历代又有多种增补本，这些增补本主要是增加了南宋以后的历史文化知识。近世经学大师章太炎也增补过《三字经》，他称誉《三字经》：“其书先举方名事类，次及经史诸子，所以启导蒙稚者略备。”北京师范大学教授毛礼锐、瞿菊农、邵鹤亭等合著的《中国古代教育史》（人民教育出版社 1979 年版），其中“私学与蒙养教材”一节里说到了《三字经》的一些优点：“文字简练，善于概括”“叶韵成文，便于记诵”，既“集中识字”，又能“取得一些普通知识”，“鼓励儿童勤勉学习”。

《三字经》在海外的传播，自明朝即已开始，有拉丁文、俄文、英文、法文等多种译本。举其大者——

在欧美，据说 16 世纪后半叶意大利传教士罗明坚到澳门学习中文，曾翻译过《三字经》。

18 世纪前半叶，沙俄政府派人到中国学习儒家文化，《三字经》也是被研读的对象，并被译成俄文。曾在北京生活十多年的俄罗斯传教士俾丘林，1829 年出版了《汉俄对照三字经》。

英国传教士马礼逊把他英译的《三字经》《大学》等一些中国典籍，以“*Horae Sinicae*”为书名，1812 年在伦敦出版。Horae Sinicae 翻译成汉语即“中国时光”。

美国传教士裨治文在他主办的英文《中国丛报》上也曾刊载过《三字经》等中国启蒙读物。

法国汉学家儒莲翻译了包括《三字经》在内的多种中国典籍。

至于东亚，日本早在江户时代就已印行《三字经》。江户时代是德川幕府统治日本的年代，1603 年创立，1867 年结束。

以上列举，只是想说明《三字经》在海外曾经有过的传播经历，也从一个侧面佐证《三字经》在中国蒙学教育中的历史地位。

关于《三字经》的作者，有多种说法，学术界大多倾向于认为这部书的作者是南宋著名学者王应麟。

王应麟，生于公元1223年，卒于1296年，字伯厚，号深宁居士，又号厚斋。庆元府鄞县（今浙江省宁波市鄞州区）人，祖籍河南开封。宋理宗淳祐元年进士，宝祐四年复中博学宏词科，官至礼部尚书兼给事中等职。王应麟学宗朱熹，博通经史，上知天文，下知地理，著述宏富，《困学纪闻》等尤为代表作。据说王应麟晚年为教育本族子弟，编写了这部蒙学读物。以大学者而撰著蒙学读本，胸有成竹，要言不烦，深入浅出，举重若轻。

1949年以后，尤其是在1966～1976年“文化大革命”期间，《三字经》等中国古代的蒙学读物被全盘否定。《三字经》是传统的蒙学读物，时移世易，放到今天，自然也有它“不合时宜”的地方，但就其基本内容，也还是可以作出对今天的孩子有意义的解读的。对于这部蒙学读本，与其责之过苛，倒不如发现其闪光点更有建设性的价值。

北京师范大学附属实验中学语文高级教师滕淑玲，数十年工作在基础教育领域，熟悉中华传统文化，对教育有深入的实践和精湛的认识，对这部蒙学读本的注释和点评，融会了她自己的教育心得，孩子们通过阅读应当可以获得有意义的启迪。

写到这儿，笔者想起二十多年前读到的香港中文大学教授黄维梁写的散文《普及文化的英杰》，文章写香港红馆夜夜笙歌的流行歌手许冠杰，其中有这样的文字：

红馆中的许冠杰，一如电视和唱片中的他，时而是白马王子，时而是锦衣浪子，时而是社会批评家……他有时摇身一变，学习孔子，用他的六弦琴，唱励志歌：莘莘学子，勤有功，戏少益啊！要记住做功课，咪成日挂住踢波……

这“勤有功，戏少益”就是《三字经》里的句子。当代流行歌手“唱励志歌”，写当代流行歌手的散文里插入《三字经》里的句子，真让人感受到中华文化脉络的生生不息。香港歌手许冠杰是“普及文化的英杰”，南宋大学者王应麟也是，《三字经》也是居功至伟啊！

周维强

2017 年 5 月 25 日

目录

01/ 教育篇

11/ 孝悌篇

32/ 典籍篇

52/ 朝代篇

85/ 勤学篇

教育篇

人之初[1]，性[2]本善。性相近，习[3]相远[4]。

【注释】

1. 初：初始，这里指人刚出生的时候。
2. 性：天性，本性。
3. 习：学习，也指受社会环境的影响。
4. 远：差别很大。

【点评】

人刚生下来的时候，都具有善良的本性。这是由孟子提出来的，他认为人的本性是善良的。这种善良的本性每个人都很相近，差别不大。随着所处的生长环境和所受教育的不同，人的性情和习惯才形成了很大的差异。因此，孟子重视教育的作用，认为教育不仅可以发掘人的善良天性，还能增加人的知识，提高人的技能，把人培养成为优秀人才。

评

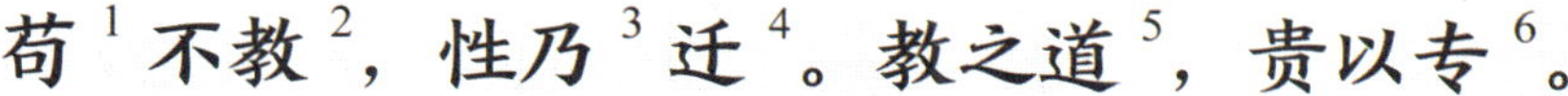

苟[1]不教[2]，性乃[3]迁[4]。教之道[5]，贵以专[6]。

【注释】

1. 苟：如果，假如。
2. 教：教育，教化。
3. 乃：于是。
4. 迁：变迁，改变。
5. 道：方法，道理。
6. 专：专心。

【点评】

一个人如果不接受良好的教育，他善良的本性就容易改变，这说明及时接受教育对人成长的重要性，也说明了教育不是短时间的学校教育，而是一生的长久之事。教育必须遵循的基本原则，就是教导孩子做事情能够专心致志，持之以恒。这一点是很重要的。我们在学习和生活中，又有多少次没能坚持到底的事情呢？如果当初都能专心致志，并能持之以恒，也许离成功就更近了一步。作为学习者，我们要找到自己乐于学习的事物，这样才能专心去学，最终有所成就。

昔[1]孟母[2]，择邻处[3]。子不学，断机杼[4]。

【注释】

1. 昔：过去，从前。
2. 孟：指孟子，战国时期著名的思想家，被尊称为“亚圣”。孟母：孟子的母亲。
3. 处：居住。
4. 机杼：织布机的梭子。

【点评】

从前，孟子的母亲为了让孟子上进成才，安家居住的时候一定要选择好的邻居。为了让孟子有个好的学习环境，曾经搬过三次家。孟子有一次逃学回来，孟母就折断织布机上的梭子告诉他梭子一旦折断，就不能复原，也就再也不能织布。以此来教育孟子用心读书，做事不能半途而废。孟子听后觉醒。他发奋苦读，终于成为一代大儒，被尊为“亚圣”。人在年少时模仿能力很强，身边人的举止行为、做事做人都会对他产生影响。为人父母的既要注意孩子的行为习惯，也要注意自己的言传身教和周围人的言行，给孩子一个良好的学习环境。“孟母三迁”，传为历史佳话。

窦燕山[1]，有义方[2]。教五子，名俱[3]扬[4]。

【注释】

1. 窦燕山：本名窦禹钧，五代时期蓟州人，因家住燕山附近，因此人们称其为“窦燕山”。
2. 义方：良好的教育方法。
3. 俱：都。
4. 扬：显扬，传播出去；称颂。

【点评】

窦燕山教育后代，很有方法。在他的悉心教导下，五个儿子都取得了不小的成就，在当时名扬天下。窦燕山重视教育，严格要求自己的孩子，注重对孩子品德和学习方面的教育，他的五个儿子都很有成就，相继中了进士做了大官，为民造福。大家把他的儿子比喻为“龙”，“窦氏五龙”名扬天下。“五子登科”的民间谚语就出自这个故事。“五子登科”后来成为汉民族传统吉祥图案，寄托人们希望子孙后代好好读书，科考成功的愿望。

养不教，父之过[1]。教不严，师之惰[2]。

【注释】

1. 过：过错。
2. 惰：懒惰，这里指失职。

【点评】

只是生养子女却不好好教导他们，是父母之过错。只是教给孩子知识却不严格要求他们，就是做老师的没有尽到职责。对儿童来说，最好的爱不是溺爱，而是帮助他们建立正确的是非观念，明辨善恶，知道什么可以做，什么不能做。

评

子[1]不学，非所宜[2]。幼不学，老何为[3]？

【注释】

1. 子：子女，孩子。
2. 宜：应当，适宜，恰当。
3. 为：成就，作为。

【点评】

小孩子不努力学习，是很不应该的。一个人小的时候不好好学习，等到年纪大了还能有什么作为呢？这里告诉我们要把握住最佳学习时间，读书要趁早，这样才能积累足够的学识，有所作为，最终成就一番事业。

玉不琢[1]，不成器[2]。人不学，不知义[3]。

【注释】

1. 琢：雕琢。
2. 器：器物。
3. 义：公正合宜的道理。

【点评】

玉石如果没有工匠的打磨雕琢，就不可能成为精美的玉器。人如果不勤奋学习，就不会懂得知识和为人处世的道理。古代“和氏璧”的故事中，卞和三次献宝玉。楚厉王和楚武王听信了别人的说辞，不找人打磨就认定那只是块石头，便处罚了卞和。直到楚文王叫玉匠去雕琢了那块石头，才从中得到一块价值连城的美玉。这个故事告诉我们，美玉不经过打磨，就和普通的石头一样。人如果不学习，不经过生活磨炼，不用知识充实大脑，就无法成为栋梁之材。

孝悌篇

为人子[1]，方[2]少时[3]。亲[4]师友，习礼仪[5]。

【注释】

1. 人子：子女。
2. 方：正当。
3. 少时：年少的时候。
4. 亲：亲近，尊敬。
5. 礼仪：礼节和仪式。

【点评】

做子女的，应该趁年少的时候多亲近良师，结交益友，学习一些为人处世的礼节和知识。敬师亲友，是中国几千年来的传统。一个好的老师，对人的成长起着不可估量的作用，甚至能改变一个人的一生。人在年少的时候，模仿学习能力很强，对周围的一切都持有好奇心。而朋友，更是一个人成长道路上的重要伙伴。良师益友可以给我们很好的辅助和影响，所以我们应该多与他们亲近交往。只有从小对身边的老师和朋友有礼，才可能做到对其他人有礼。

评

香[1]九龄[2]，能温[3]席。孝于亲[4]，所当执[5]。

【注释】

1. 香：黄香。东汉时期人。九岁时便因为孝顺而闻名。
2. 龄：年龄。
3. 温：温度、加热。
4. 亲：这里指父母。
5. 执：遵守、执行。

【点评】

黄香九岁时母亲去世。他对父亲关心照顾，冬天夜晚寒冷，他为了让父亲休息好，自己脱了衣服钻进父亲的被窝，用体温把被窝焐暖和了才请父亲睡下。黄香长大后做了地方官，他为当地老百姓做了不少好事。他孝敬父亲的故事也传为佳话。百善孝为先，孝敬父母是中华民族的传统美德。在现代社会，父母们往往面临很大的生活压力，现在的孩子多是独生子女，作为子女，要尽自己所能替父母分忧，能够体会父母的辛苦，懂得关爱父母，用具体的行动表达孝敬父母之心。

融[1]四岁，能让梨，弟[2]于长[3]，宜先知[4]。

【注释】

1. 融：孔融。东汉人，文学家。
2. 弟：通“悌”，指弟弟敬爱哥哥。
3. 长：兄长。
4. 先知：早点知道，从小就懂得。

【点评】

孔融年仅四岁时就懂得谦让，把大的梨让给哥哥吃。兄弟如同手足，兄弟友爱的道理是每个人从小就应该知道的。这种谦让之心，值得每个人学习。从幼儿园到小学，老师都会提倡大家学会分享。我们在和家人、朋友们相处和交往时要不计较个人得失，大方友善。

首[1]孝悌，次[2]见闻[3]。知某数[4]，识某文[5]。

一而[6]十，十而百，百而千，千而万。

【注释】

1. 首：首先、首要。

2. 次：其次。

3. 见闻：见到和听到的知识、学问。

4. 数：数目、算术。

5. 文：文字。

6. 而：到、往。表示按照顺序递进的意思。

【点评】

一个人首先要学会孝敬父母和尊敬兄长，其次要多见见天下之事，多听听古今的道理，要知道基本的算术常识，认识文字，通晓文理。“一”是数字的开始，万物的计算都是从一开始的。一到十是基本的数字，十个十是一百，十个一百是一千，十个一千是一万……如此下去，无穷无尽。

三才[1]者，天地人。三光[2]者，日月星。

三纲[3]者，君臣义。父子亲[4]，夫妇顺[5]。

【注释】

1. 三才：古代称“天、地、人”为三才。
2. 光：发光的物体。
3. 纲：要点、法则。
4. 亲：感情深，关系亲密。
5. 顺：和顺相处。

【点评】

古书上所指的“三才”，是指天、地和人。所说的“三光”，是指太阳、月亮和星星。古书上所说的“三纲”，是指君王与臣子的言行要合乎道德，父母子女间要相亲相爱，夫妻之间和顺相处。大自然提供给人类赖以生存的生活条件，我们要认识大自然，利用和爱护大自然，与大自然和谐相处。在人类社会中，每个人也有自己的职责，人和人之间要相互沟通、和谐相处、彼此关爱。春秋时期，齐国丞相管仲是一位优秀的政治家，他善于进谏，在他的辅佐下齐国成为春秋时期的强国。管仲与齐桓公是治国的好搭档，也是世代君臣的楷模。

曰[1]春夏，曰秋冬。此[2]四时[3]，运[4]不穷[5]。

【注释】

1. 曰：称为、叫作。
2. 此：这。
3. 四时：指春、夏、秋、冬四个季节。
4. 运：运行，循环。
5. 穷：尽头，完结。

【点评】

一年之中有春、夏、秋、冬四个季节，春去夏来，秋去冬至，如此循环往复，时间无穷无尽。春夏秋冬，每个季节三个月，春天、气候回暖，万物复苏；夏天，天气炎热，水果成熟；秋天，天气转凉，农作物成熟；冬天，天气寒冷，植物大多凋零，动物多进入休眠状态。春夏秋冬是因为地球绕太阳运转时有时面向太阳，有时背向太阳，有时斜向太阳，因此有了温度不一样的四季变化。

曰南北，曰西东。此四方[1]，应[2]乎中[3]。

【注释】

1. 四方：指东、南、西、北四个方向。
2. 应：相应，对应。
3. 中：中央。

【点评】

东、南、西、北是四面的方位，这四个方位，必须有个中央位置对应，才能把各个方位定出来。这是因为“中”是平衡点，如果四方不与中对应，就容易失衡。在我国古代，不同的方位还有不同的象征意义。我国古代以南为尊，以“南面”代指帝王，皇帝登基称“南面称尊”；而打仗失败、臣服他人则称“败北”“北面称臣”。古人还以东为首，以西为次。皇后和妃嫔们的寝宫分为东宫和西宫，东宫为正西宫为从。供奉祖宗牌位的太庙，也都建在皇宫东侧。直到今天，“东西”不仅代表方向，“东西”也成了一个常用词，用来泛指某些事物。那么，在这里给大家提一个问题：为什么用“东西”来代指事物，而不用“南北”呢？为什么说“买东西”而不是“买南北”呢？你能找到理由吗？

曰水火，木金土。此五行，本[1]乎数[2]。

【注释】

1. 本：根据，事物的根源。
2. 数：天地自然的规律、道理。

【点评】

水、火、木、金、土是指构成宇宙万物不可缺少的基本元素，它们生长灭亡的变化是天地自然规律的体现。“五行”是中国古代用来指宇宙各种事物的抽象概念，五行学说包含很深的哲学道理。五行学说里，东方属于木，西方属于金，南方属于火，北方属于水，中央属于土。古人有五行相生之说，即金生水，水生木，木生火，火生土，土生金；还有相克之说，即金克木，木克土，土克水，水克火，火克金。

曰仁[1]义，礼[2]智[3]信[4]。此五常[5]，不容紊[6]。

【注释】

1. 仁：仁爱，对人友爱，有同情心。
2. 礼：处事礼节。
3. 智：有才识而明理。
4. 信：诚信不虚假。
5. 常：常理，恒常不变的法则。
6. 紊：乱，疏忽。

【点评】

“仁、义、礼、智、信”，又称“五常”，是中国古代社会的基本道德准则，是调整君臣、父子、兄弟、夫妇、朋友等人伦关系的行为规范。在“五常”中，“仁”指有爱心等善良品德；“义”指正义，合宜的道德、行为或道理；“礼”即礼法，指一切按照礼法的要求行事；“智”指智慧，知道何事可为，何事不可为；“信”即诚信。时至今日，“五常”之中有不少可取之处值得我们继承，也有其局限性。我们应该“去其糟粕，取其精华”，不能一味否定或肯定。

评

稻粱菽[1]，麦黍[2]稷[3]。此六谷，人所食。

马牛羊，鸡犬豕[4]。此六畜，人所饲[5]。

【注释】

1. 菽：豆类。
2. 黍：黄米。
3. 稷：小米。
4. 豕：猪。
5. 饲：喂养。

【点评】

稻子、高粱、豆类、小麦、黄米和小米这六种谷物，是我们日常生活的主要食物。水稻是我国的主要粮食作物。在古代，水稻的生产地是江南地区，现在水稻的种植已遍及东北、华北、华东、华南各地。高粱主要产自中国北方，可以酿酒。豆类全国各地都有种植，豆类包括青、赤、黄、白、黑等品种。麦子有大麦、小麦、燕麦、黑麦等，秋种夏收。黄米和小米是古代中国特别是黄河流域最主要的两种粮食作物，黄米煮熟后有黏性，因为要在大暑节气下种，所以称为黍。小米又称为谷子、粟，秋种夏熟，要经历四个季节。因为黄米和小米可以看作同一作物的不同品种，所以人们常说“五谷丰登”。马、牛、羊、

鸡、狗、猪这六畜，是人类饲养用来食用或使用的家畜，古人把马、牛、羊列为六畜中的上上品。在古代，马主要用来驾车和乘骑，在战争中发挥着重要作用。牛主要用来耕田和驾车，是农业社会中最主要的生产资料，常被用作祭品奉献给祖先神灵。羊在六畜中主要是食用，其味道鲜美，是一种重要的肉食。六畜中的鸡、狗、猪是中国农家普遍饲养的家畜（禽）。鸡能报晓，犬能防患，猪能作为宴会食品招待宾客，它们都和人类生活息息相关。中国古代尧舜时代的后稷，创造了许多种植作物的方法，发明了许多农具，被人尊称为“农神”。古时候的人们在与自然的生存斗争中，学会了种谷物，养牲畜。这些动物除了供人们食用外，还有多种用途，成为人类生活的好帮手，甚至成为人类的朋友。今天，我们在合理利用动物的同时，应该保护它们，不要虐待动物。

曰喜怒，曰哀[1]惧[2]，爱恶[3]欲[4]，七情[5]具[6]。

匏[7]土[8]革[9]，木[10]石[11]金[12]，丝[13]与竹[14]，乃[15]八音。

【注释】

1. 哀：悲痛，悲伤。

2. 惧：害怕。

3. 恶：讨厌，憎恨。

4. 欲：欲望。想得到某种东西或达到某种目的的愿望和要求。

5. 情：感情。

6. 具：具备，具有。

7. 匏：匏瓜，葫芦的一种，可以用来制作簧管乐器。

8. 土：陶土，可以用来烧制一种叫“埙”的乐器。

9. 革：皮革，可用来制作鼓、二胡等乐器。

10. 木：木头，可用来制作拍板、梆子等乐器。

11. 石：玉和石头，可以用来制作石磬。

12. 金：金属，可以用来制作钟、锣、钹等乐器。

13. 丝：丝线，可以用来制作琴、瑟、琵琶等乐器。

14. 竹：竹子，可以用来制作箫、笛子等乐器。

15. 乃：是。

【点评】

高兴叫作喜，生气叫作怒，伤心叫作哀，害怕叫作惧，心里喜欢叫爱，心里讨厌叫恶，内心有贪婪叫欲。这七种人天生就有的基本情绪统称为“七情”，它们是人类共有的情感。人有七情，我们要学会控制自己的感情和欲望，不让不良情绪伤害别人，更不能任由它滋生蔓延，造成不良后果。北宋时期名臣包拯严于律己，对子孙管教也很严格，他爱憎分明，廉洁公正，有“包青天”的美名。

匏瓜、陶土、皮革、木块、石头、金属、丝线与竹子，是古人用来制作乐器的材料。用这些材料制成的乐器，古人统称为“八音”。匏代表簧管类乐器。陶土制成的一种吹奏类乐器叫埙。革指牛皮，可以制成鼓，属打击乐器。木制乐器如拍板、梆子。石类乐器有石磬。金属类乐器有钟、锣、唢呐等。丝代表弦类乐器如古琴、琵琶等。竹是指用竹管穿孔而成的乐器如横吹的笛、竖吹的箫。在漫长的古代社会，每种乐器的发明和改良，都经历了一些波折。（其中“劈瑟减弦”的故事记载：瑟在先秦时候有50根弦，所以又被称为“五十弦”。传说是秦始皇一怒之下，命人把瑟劈成两半，从此瑟弦便由50根变成25根了。）“八音之乐”据传是黄帝的大臣所制，历史上的三皇五帝都各有其乐，这些音乐流传下来成为中华音乐的宝藏。音乐可以愉悦身心。

高[1]曾[2]祖[3]，父而身，身[4]而子，子而孙。

自子孙，至玄曾[5]，乃九族[6]，人之伦[7]。

【注释】

1. 高：高祖，祖父的祖父。
2. 曾：曾祖，祖父的父亲。
3. 祖：祖父。
4. 身：自己。
5. 玄曾：玄孙和曾孙。
6. 九族：九代人。
7. 伦：辈分。

【点评】

高祖父生曾祖父，曾祖父生祖父，祖父生父亲，父亲生我，我生儿子，儿子生孙子，孙子生曾孙，曾孙再生玄孙。这样从高祖父到玄孙一共九代人，称为“九族”，代表着人的长幼、尊卑秩序和家族血统的承续。骨肉亲情是生命创造的奇迹。在家庭中，每个成员都应懂得自己所处的长幼地位和自己应该承担的责任义务，尊老爱幼，互敬互爱，家庭才能和睦。九代亲族，一个家族发展的脉络可以清楚地展现出来。需要说明的是，这里的九族与“株连九族”

中的九族不是同一概念。那个九族指父族四、母族三、妻族二，父族四包括姑之子、姐妹之子、女儿之子、己之同族（父母、兄弟姐妹、儿女）；母三包括母之父、母之母、从母子；妻族二包括岳父、岳母。

评

父子恩[1]，夫妇从[2]，兄则友[3]，弟则恭[4]；

长幼序[5]，友与朋，君则敬[6]，臣则忠。

此十义[7]，人所同。

【注释】

1. 恩：情义，恩情。此为有恩情之意。
2. 从：顺从，和顺。
3. 友：友爱，爱护。
4. 恭：尊敬。
5. 序：次序。
6. 敬：尊重，有礼貌地对待。
7. 义：指应当遵守的道德伦理和行为准则。

【点评】

父母对子女要慈祥，子女对父母要报答养育之恩；夫妻间要和顺；哥哥要爱护弟弟，弟弟要尊敬哥哥；长辈和晚辈交往要注意长幼尊卑的次序，朋友间往来要彼此守信用。君主应该对臣子尊重，臣子应该对君主忠诚。孟子认为父子之间有骨肉之亲，君臣之间有礼仪之道，夫妻之间挚爱而又内外有别，老少之间有尊卑之序，朋友之间有诚信之德，这是处理人与人之间关系的准则。五伦之德在古代极为推崇，虽然离现在的社会生活较远，有些内容比如君臣之义有些过时，但我们仍能从中有所借鉴，从中得到启发。孝敬父母，夫妻和睦，兄弟友爱，“受人之托，忠人之事”。五伦十义在今天对于我们调整人与人之间的关系仍然有积极意义。

典籍篇

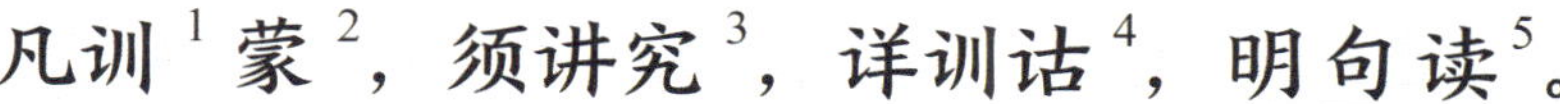

凡训[1]蒙[2]，须讲究[3]，详训诂[4]，明句读[5]。

评

【注释】

1. 训：教导，教育。

2. 蒙：蒙昧，没有知识，这里指蒙童。

3. 讲究：重视，值得注意。

4. 训诂：对古书中字句的意义进行解释。

5. 句读：一句为“句”，半句为“读”，指文章中应该停顿的地方，相当于给文章加标点符号。

【点评】

老师在教导刚入学的儿童时，一定要注意方法。要详细地讲解古代文章中词句的意思，同时让孩子明白该在什么地方断句，才能真正领会文章所表达的含义和观点。孩子在启蒙教育的时候必须打下一个良好的基础。由于每个孩子都有自己的特点，性格能力等诸多方面各不相同，所以老师要因材施教。

为学[1]者，必有初，《小学》[2]终，至四书[3]。

【注释】

1. 为学：读书学习，做学问。
2. 《小学》：指古人编辑的儿童启蒙课本。
3. 四书：指《论语》《孟子》《中庸》《大学》四部儒家经典。

【点评】

学生读书学习，一定要从头学起，打好基础先易后难，首先学习朱熹的《小学》，然后才可以学习“四书”。学习的确应该讲究方法和顺序，循序渐进，持之以恒。任何一个大学问家，他的知识都是一点一滴积累的。孩子在六岁的时候读《小学》，学习的主要内容就是生活规范，这既是生活教育，也是人品教育。到八岁的时候，开始学习“六艺”。《小学》学完之后，老师再根据每个人的具体情况来讲解“四书”。“四书”是南宋著名理学家朱熹汇编的古代学生必须学习的经典，包括《大学》《中庸》《论语》《孟子》。

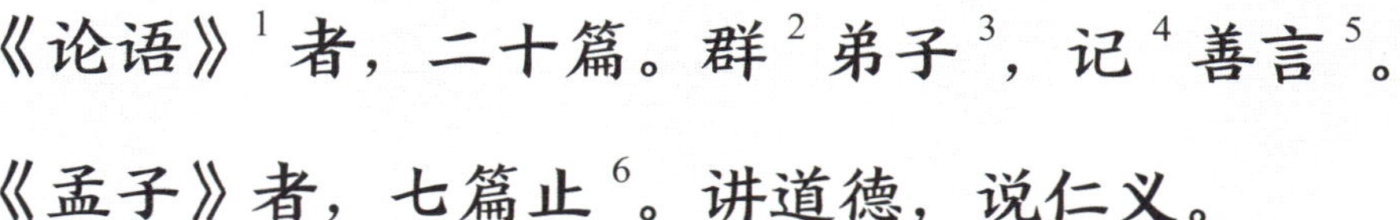
《论语》[1]者，二十篇。群[2]弟子[3]，记[4]善言[5]。
《孟子》者，七篇止[6]。讲道德，说仁义。

【注释】

1.《论语》：书名，共二十篇。孔子的学生记录整理的孔子及其弟子的言论与行事。

2. 群：众多。

3. 弟子：指孔子的学生。

4. 记：记录，记载。

5. 善言：精彩重要的言语，给人启迪的话语。

6. 止：结束。

【点评】

《论语》总共有二十篇，记载了孔子许多重要的思想和言行。书中既有孔子与学生的对话，也有学生之间的相互问答。我们通常说孔子有弟子三千，其中七十二人有贤能。孔子门下最优秀的学生是子渊、子骞、伯牛、仲弓、子有、子贡、子路、子我、子游、子夏，被称为孔门十哲。《孟子》这本书一共有七篇内容，主要讲的是道德修养和仁义思想，是由孟子和他的弟子共同编写而成。孟子认为“得道者多助，失道者寡助”，统治者只有施行仁政，让百姓生活富足安定，才能成就霸业。这就是孟子的“仁政”思想。孟子还提出了“民为贵，社稷次之，君为轻”的思想。这在今天看来，仍具有十分积极的意义。

作《中庸》，子思[1]笔，中不偏[2]，庸不易[3]。

【注释】

1. 子思：孔伋，字子思，是孔子的孙子。
2. 不偏：没有偏差。
3. 易：变化，改变。不易：不变。

【点评】

子思所作《中庸》一书主要写的是中庸之道。“中”就是不偏不倚，“庸”就是不改变，平和。“中庸”似乎没有什么作为，实际上对于处理人与人之间的关系有很大的作用。中庸的核心思想是不持两端，就是待人接物处理事情要公平、公正。中庸就是告诉人们做事做人不能过于偏激，要把握分寸。

评

作《大学》[1]，乃曾子[2]，自[3]修[4]齐[5]，至[6]平[7]治[8]。

【注释】

1.《大学》：儒家经典，原为《礼记》中的一篇，讲述儒家伦理的基本纲领。
2. 曾子：曾参，孔子的学生，以孝著称。
3. 自：从，开始。
4. 修：修身，努力提高自己的品德修养。
5. 齐：这里是“齐家”的意思，即治理家庭。
6. 至：到。
7. 平：平天下，让天下安宁。
8. 治：治理国家。

【点评】

编著《大学》这本书的是曾参，“修身、齐家、治国、平天下”的主张也是由他提出的。《大学》论述说：古代那些要使美德彰明于天下的人，要先治理好他的国家；要治理好国家的人，要先管理好他的家庭；要管理好家庭的人，要先进行自我修养；要进行自我修养，就要首先端正自己的思想。“修身、齐家、治国、平天下”是儒家知识分子和无数仁人志士的最高理想。

孝经[1]通[2]，四书熟[3]。如六经，始[4]可读。

【注释】

1. 孝经：儒家经典，讲述孝道和孝治思想。

2. 通：了解明白。

3. 熟：熟悉，熟练。

4. 始：才，开始。

【点评】

弄明白《孝经》，熟记四书之后，才可以去读六经这样的更为深奥的典籍。古人讲究“百善孝为先”，因此读书时要先从《孝经》开始。《孝经》主张把“孝”贯穿于人的一切行为，“身体发肤，受之父母，不敢毁伤”是孝的开始；“立身行道，扬名于后世，以显父母”是孝的终点。它按照人的生命过程，提出“孝”的具体要求：“居则致其敬，养则致其乐，病则致其忧，丧则致其哀，祭则致其严”。读懂了孝经，懂得了什么是“孝”，在这个基础上就可以去读四书，进一步学习为人处世的道理。

诗[1]书易，礼春秋，号[2]六经，当[3]讲[4]求[5]。

【注释】

1. 诗：《诗经》。
2. 号：号称，称作。
3. 当：应当，应该。
4. 讲：讲习。
5. 求：探求。

【点评】

《诗经》《书经》《礼记》《易经》《春秋》再加上一部《乐经》，被人们称为“六经”，都应当熟读并且认真钻研。《诗经》是中国第一部诗歌总集；《书经》也叫《尚书》，是中国第一部历史文献；《易经》是中国第一部经典，后世的诸子百家，一切学问都根源于此；《礼记》是中国第一部文化资料汇编；《春秋》是中国第一部编年史。

有连山[1]，有归藏[2]，有周易[3]，三易详。

有典[4]谟[5]，有训[6]诰[7]，有誓[8]命，《书》之奥[9]。

【注释】

1. 连山：书名，相传是神农氏所著。
2. 归藏：书名，相传是黄帝所著。
3. 周易：书名，相传是周文王所著。
4. 典：典章制度。
5. 谟：治国计划。
6. 训：一种古代文体，用于臣子上谏君王。
7. 诰：君王发布的命令。
8. 誓：出兵征战的文告。
9. 奥：深奥难懂。

【点评】

人们所说的“三易”，具体指的是《连山》《归藏》《周易》三种版本的《易经》。《尚书》里的篇章有六类篇目：典是主要史实的记录；谟是治国计划；训是大臣的讲话；诰是国君的通告；誓是起兵的誓词；命是国君的命令。《尚书》一直被视为中国封建社会的政治哲学经典，既是帝王的教科书，又是贵族子弟及士大夫必遵的经法，在历史上很有影响。

读释评

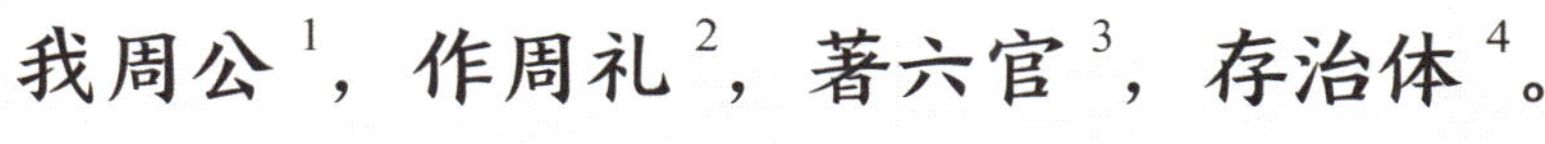

我周公[1]，作周礼[2]，著六官[3]，存治体[4]。

大小戴[5]，注《礼记》[6]，述[7]圣[8]言，礼乐备[9]。

【注释】

1. 周公：姓姬，名旦。西周时期的政治家、思想家和军事家，被尊为“元圣”，儒学先驱。

2. 周礼：书名，相传是周公著。

3. 六官：周礼中的六篇篇名。

4. 治体：政治体制。

5. 大小戴：指西汉著名的经学家戴德和他的侄子戴圣。

6.《礼记》：十三经之一。主要记录了战国至秦汉年间社会的变化，包括社会制度、礼仪制度及人们观念的继承和变化。

7. 述：记述。

8. 圣：指孔子、孟子等儒家代表人物。

9. 备：齐全。

【点评】

周公著成了《周礼》一书，详细记录了当时六官官制的政府机构，每一个官制下面设有不同的官职，每一个官职都规定了具体的职务，这样就奠定了中国百代的政治体制。周公被尊为儒学奠基人，是孔子崇敬的古代圣人之一。

周公辅佐周成王管理国家，尽心尽力，还教育自己的儿子尽职尽责，“周公吐哺”的故事广为流传。

汉朝的经学家戴德、戴圣整理并注释了《礼记》。它是研究中国古代社会情况、典章制度和儒家思想的重要著作，传述和阐释了圣贤的言论，使后代人得以了解前代的典章制度和礼乐规范。

曰国风，曰雅颂，号[1]四诗[2]，当[3]讽咏[4]。

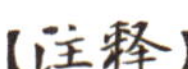

【注释】

1. 号：称作。
2. 四诗：《诗经》的体例分为风、雅、颂三大类，雅又分为大雅、小雅，所以合起来称为四诗。
3. 当：应当。
4. 讽咏：吟咏朗诵。

【点评】

《诗经》中有“国风”“大雅”“小雅”“颂”四部分，称为“四诗”，都值得我们好好吟诵。“风”是指不同地区的地方民谣和音乐，“雅”是周王朝直辖地区的音乐，大部分是贵族文人的作品。“颂”是宗庙祭祀时所使用的乐歌，内容多是歌颂先祖的功业。

诗既亡[1]，春秋作，寓[2]褒贬[3]，别[4]善恶。

【注释】

1. 亡：消失，衰亡。
2. 寓：寄托，包含。
3. 褒贬：褒扬和贬抑。
4. 别：辨别。

【点评】

《诗经》是我国第一部诗歌总集，收入自西周初年至春秋中期五百多年的诗歌 305 篇，先秦称为《诗》或者称《诗三百》。西汉时期被尊为儒家经典，始称《诗经》，并沿用至今。由于周朝的衰落，诗的来源没有了，人们阅读《诗经》的风气也就渐渐衰落了，于是孔子就写了《春秋》一书。《春秋》叙事极其简略，对所记史实有褒有贬，批评尖锐，观点鲜明。书中隐含着对现实政治的褒扬和贬抑，对善恶也做了区分。因此，后世将某些历史著作中褒贬分明的写法称为“春秋笔法”。

评

三传[1]者，有公羊[2]，有左氏[3]，有穀梁[4]。

【注释】

1. 传：解释经书的文字。三传：指《公羊传》《左传》《穀梁传》，专门来解释《春秋》的。
2. 公羊：即《春秋公羊传》，相传为战国时齐人公羊高所著，最初只有口头流传，汉初才成书。
3. 左氏：即《春秋左传》，相传为春秋时期鲁国左丘明所著。所记内容比《春秋》详细得多，而且保存了一些古代的传说。
4. 穀梁：即《春秋穀梁传》，战国时期穀梁赤所著。

【点评】

孔子撰《春秋》之后，出现了三种阐释《春秋》的著作，称为“春秋三传”，即《春秋公羊传》《春秋左传》《春秋穀梁传》。

经[1]既明，方[2]读子[3]，撮[4]其要[5]，记其事。

【注释】

1. 经：儒家经典。
2. 方：才、当。
3. 子：诸子百家的著作。
4. 撮：选取，摘取。
5. 要：要点。

【点评】

“经史子集”是古代对经典书籍划分的类别。“经”主要指儒家的典籍；“史”是记载历史兴衰治乱和各种人物生平，以及制度沿革等的历史书；“子”是指春秋战国以来诸子之学；“集”是古代诗文辞赋的著作。一个人需要把四书、五经读明白，有了这个基础，再读诸子百家的著作就不会因为内容复杂而无法辨别。需要选择对学问和德行有帮助的精华来读，记住要点，并且能了解事件的因果。

五子[1]者，有荀扬[2]，文中子[3]，及老庄[4]。

经子[5]通，读诸史[6]，考[7]世系[8]，知终始[9]。

【注释】

1. 子：古代称有学问的人为“子”。五子：诸子百家中的五个人。

2. 荀扬：指荀子和扬雄。荀子：战国末期儒家代表人物。扬雄：西汉时期的著名学者。

3. 文中子：指王通，隋朝儒家代表人物。

4. 老庄：老子和庄子。老子：姓李名耳，也叫老聃。庄子：名周，道家学派代表人物。

5. 经子：儒家经典与诸子百家著作。

6. 诸史：各种历史著作。

7. 考：考察，研究。

8. 世系：家族世代相传的系统。

9. 终始：指朝代的兴衰始末。

【点评】

在诸子百家中，有五位重要的思想家，分别是荀子、扬雄、王通、老子和庄子。通晓了儒家经典和诸子百家之后，就可以进一步读众多的史书。在学习中，应该弄清楚历代帝王的承继关系和朝代兴衰的原因，了解这些历史人事的来龙去脉。我国春秋战国时期，是各种哲学思想百家争鸣的时代，像荀子的人性本恶说、老庄的顺其自然说，等等，这些思想都是宝贵的文化遗产。

朝代篇

自羲[1]农[2]，至黄帝[3]，号三皇[4]，居[5]上世[6]。

【注释】

1. 羲：伏羲，我国历史传说人物，据说他教民结网，从事渔猎畜牧，又始作八卦。
2. 农：神农，我国古代传说中农业和医药的发明者。
3. 黄帝：轩辕氏，传说中中原各族的共同祖先。
4. 三皇：传说中远古时代的三位帝王。
5. 居：处于，在。
6. 上世：远古时代。

【点评】

伏羲氏、神农氏、黄帝，这三位上古时代的帝王都勤政爱民，非常伟大，因此被后人尊称为“三皇”。历史学家大体把历史分为三个阶段：上古、中古、近代。中国历史从商代以后才有了较可靠的记载，这以前的历史是个神话和传说的时代，即上古。伏羲是传说中人类文明的始祖，被尊为“三皇”之首。伏羲之后的神农氏，号炎帝，传说是农业和医药的发明者。为了给人们寻找治病的草药，神农氏尝尽了百草。《神农本草经》又名《神农本草》，简称《本草经》，是中国现存最早的药学专著，撰写人不详，“神农”是托名。黄帝因居住在轩辕之丘（今河南新郑西北），又号轩辕氏。他率先统一了中华民族，因而被载入史册。他大力发展生产，创造文字，制衣冠，建舟车，定算数，发明指南针，等等，对中华民族的贡献非常大，与炎帝并称为中华民族的始祖。

唐有虞[1]，号二帝[2]，相揖逊[3]，称盛世。

【注释】

1. 唐有虞：指五帝中唐尧和虞舜。唐：唐尧简称尧，尧是帝喾之子。有虞：舜是颛顼的后代，称有虞氏，名重华，后世称之为虞舜，或简称舜。
2. 二帝：舜和尧的并称。
3. 揖逊：礼让和谦逊，自己主动辞去帝位，将王位让给贤者担任。

【点评】

黄帝之后，有唐尧和虞舜两位帝王，他们讲究礼让和谦逊之风，把帝位让给贤能者担任。尧让位给舜，舜又让位给禹。尧、舜在位的时代称得上是远古时期的太平盛世。因为他们没有私心，在位时为百姓做事，使民风淳朴，九族和睦。这种推举贤人、为民造福的精神为后世景仰，千古传颂。

评

夏有禹[1]，商有汤[2]，周文武[3]，称三王。

【注释】

1. 禹：史称大禹、帝禹。夏朝的开国国君，因治理洪水有功而受舜帝禅让继承帝位。
2. 汤：成汤，商朝的建立者。
3. 文武：周文王和周武王。

【点评】

夏朝的开国君主是禹，商朝的开国君主是汤，周朝的开国君主是文王和武王。这几个德才兼备的君主被后人称为“三王”。这三代的四位君主，都有功于人民，因此被后世纪念。夏、商、周，在中国历史上合称三代，每一代的时间都很长。夏朝统治四百年，商朝统治六百年，周朝统治八百年。这一时期的历史仍然掺杂了许多神话和传说。大禹治水三过家门而不入，在治水过程中，禹不辞辛苦进行实地考察，跋山涉水，风餐露宿，制订了详细的治水计划，终于把近海沼泽地重新转变为平原。故事反映了古代劳动人民与洪水艰苦卓绝的斗争过程。

夏传子，家天下[1]，四百载[2]，迁[3]夏社[4]。

【注释】

1. 家天下：把天下万物看成是帝王一家的财产。
2. 载：年。
3. 迁：改变。
4. 社：祭祀土地神的地方，这里指国家政权。夏社：指夏王朝政权。

【点评】

夏王朝前后延续了四百多年，本来从尧到舜到禹，部落联盟首领都是以“禅让”方式传位的，两个首领之间并没有直接的血缘关系。可是从夏朝开始，统治者把天下万物都看成自己一家的私有财产，王位只传给自己的儿子，不再禅让给别的人。从这个时候起，中国才有了实行“家天下”统治的子承父位的世袭王朝，以前的部落联盟首领也变成了真正意义上的国家君主。

汤[1]伐[2]夏，国号[3]商，六百载，至纣[4]亡[5]。

【注释】

1. 汤：商汤，姓子，名履。
2. 伐：讨伐，攻打，用武力推翻。
3. 国号：国家的称号。
4. 纣：商纣王，商朝最后一个君主，是历史上有名的暴君。
5. 亡：灭亡，结束。

【点评】

夏桀在位时暴虐无道，商汤起兵讨伐，建立了新王朝，定国号为“商”。商朝是继夏朝之后，中国历史上第二个世袭制王朝。商汤立国后，废除了夏桀的暴政，采用了“宽以治民”的政策，使国力日渐增强，政治局面趋于稳定。商朝末年商纣王继位后，一味追求骄奢淫逸的生活，百姓忍无可忍，朝中大臣、四方贵族离心离德。在与周武王牧野一战中，商王朝众叛亲离，纣王逃回国都自焚而死，商朝灭亡。商朝起始于汤结束于纣，历经31位帝王554年，取整数，所以称“六百载，至纣亡”。

周武王[1]，始诛[2]纣，八百载，最长久。

【注释】

1. 周武王：周文王之子，建立周朝。
2. 诛：诛杀，消灭。

【点评】

周武王举兵讨伐商纣王，在牧野与纣王决战，灭掉商朝，建立了周朝，成为周王朝的开国之君。周王朝是中国历史上统治时间最长久的朝代，共传位37位帝王，历经近800年。

评

周辙东[1]，王纲[2]坠[3]，逞[4]干戈[5]，尚[6]游说[7]。

【注释】

1. 辙：车轮碾过的痕迹，这里指帝王的车驾。辙东：都城东迁。
2. 王纲：君王的法令政纲。
3. 坠：衰败，坠落。
4. 逞：不顾后果地放纵。炫耀，卖弄。
5. 干：古代指盾牌。干戈：泛指武器，这里指战争。
6. 尚：崇尚。
7. 游说：谋士、说客劝说君主接受自己的主张；向别人宣扬自己的主张。

【点评】

周平王把周朝国都向东迁移到洛阳，历史上称为东周。从此以后，周王朝的中央皇权明显地削弱了，各诸侯国的力量则越来越强大。诸侯各国之间炫耀武力，战争不断，天下从此变得混乱不堪。同时，政客们在各诸侯国之间穿梭往来，纷纷向诸侯国的君王宣扬自己的政治主张，或施展军事谋略，游说之风盛行。

评

始春秋[1]，终战国[2]，五霸[3]强，七雄[4]出。

【注释】

1. 春秋：指东周的前一段历史，称为春秋时期。
2. 战国：指东周的后一段历史，称为战国时期。
3. 五霸：春秋时期称霸的五位君王，其中一种说法是齐桓公、宋襄公、晋文公、秦穆公、楚庄王。
4. 七雄：战国时期的齐、楚、燕、韩、赵、魏、秦七国。

【点评】

从春秋时期开始，到战国时期的结束，这段历史时期叫作东周。春秋时期前后出现了五个霸王，历史上称为“春秋五霸”；战国时期有七个诸侯国实力最强，人们称之为“战国七雄”。春秋时期周王室势力逐渐减弱，诸侯国纷纷崛起，一百多个诸侯国相互蚕食，最终形成了大国争霸的局面。春秋末年，魏、赵、韩、齐、楚、秦、燕七个大国兼并了其他小国。西汉末年，刘向将有关这段历史的资料编成一本书《战国策》。于是人们就将这一段春秋之后，到秦统一六国以前的历史时期称为战国时期。

嬴秦氏[1]，始兼并[2]，传二世[3]，楚[4]汉[5]争。

【注释】

1. 嬴秦氏：指秦始皇。
2. 兼并：吞并。指秦朝先后灭掉六国。
3. 二世：即秦始皇之子、大秦帝国第二代皇帝。
4. 楚：西楚霸王项羽。
5. 汉：汉高祖刘邦。

【点评】

秦嬴政即位后，发动吞并六国的战争。到了公元前 221 年，统一了中国，秦王自称始皇帝，建都咸阳。秦始皇死后，他的儿子胡亥继位，称秦二世，但其昏庸无能。公元前 209 年，陈胜、吴广揭竿而起，全国各地的反秦起义军逐渐形成了两支最强大的力量，即西楚霸王项羽和汉王刘邦。陈胜、吴广的起义被镇压下去以后，项羽和刘邦开始率领起义军对抗秦朝。秦朝灭亡后，项羽凭借自己雄厚的实力，自称西楚霸王。刘邦不服，两人由此开始了争夺皇权的斗争，历史上称为“楚汉之争”。项羽在和刘邦的楚汉之争中失败了，在乌江自杀而死。后来人们用“四面楚歌”这个词来形容遭受各方面攻击或逼迫，陷入孤立窘迫的境地。现在中国象棋棋盘上的“楚河”“汉界”字样，就是受到楚汉相争的历史事件影响的痕迹。

高祖[1]兴，汉业建，至孝平[2]，王莽[3]篡[4]。

【注释】

1. 高祖：指汉高祖刘邦。
2. 孝平：汉平帝，西汉最后一个皇帝。
3. 王莽：汉元帝的皇后之侄，他篡夺了汉朝政权。
4. 篡：篡位。

【点评】

在楚汉战争中刘邦消灭了项羽，建立了汉朝。刘邦即汉高祖，是中国历史上第一位平民皇帝。到西汉末期，王莽篡夺了汉朝政权，改国号为“新”。

光武[1]兴，为[2]东汉，四百年，终于[3]献[4]。

【注释】

1. 光武：即汉光武帝刘秀，他灭掉了王莽政权，建立了东汉王朝。刘邦建立的汉朝，都城长安在西边，历史上称为西汉；刘秀复兴汉朝，都城洛阳在东边，历史上称为东汉。

2. 为：称作，称为。

3. 终于：结束于。

4. 献：指汉献帝。

【点评】

光武帝刘秀有雄才大略，推翻了王莽政权，兴复了汉朝，定都洛阳，历史上称为东汉。西汉和东汉总共存在了 411 年，到东汉末期，外戚和宦官互相攻击引发兵祸，到了汉献帝时，东汉灭亡。

魏蜀吴[1]，争汉鼎[2]。号三国，迄两晋[3]。

【注释】

1. 魏蜀吴：朝代名。曹操之子曹丕在洛阳废黜汉献帝，国号魏，历史上称“曹魏”；刘备在成都称帝，国号汉，历史上称为“蜀”或“蜀汉”；孙权在建业称帝，国号吴，历史上称为“孙吴”或“东吴”。

2. 鼎：周朝曾铸造九鼎，作为国家最高统治权的象征。魏、蜀、吴各自建国，它们都想得到汉朝对于全国的统治权，所以说是“争汉鼎”。三国鼎立的格局持续了四十多年。

3. 两晋：魏国后期，司马氏夺取曹魏政权，之后相继灭掉蜀、吴，再次统一中国，都城建于洛阳，历史上称为西晋。西晋灭亡后，逃到江南的司马王室建立的晋朝，都城在建康（现在南京），历史上称为东晋。西晋和东晋简称为“两晋”，总共一百五十六年。

【点评】

东汉末年，军阀混战，最后曹丕建立魏国，刘备建立了蜀国，孙权建立了吴国，形成了三国鼎立的局面。他们都想得到汉家天下，这一时期历史上称为三国时期。三国末年，司马氏家族控制魏国政权，先后灭蜀国、吴国，并取代魏国，建立了一个统一的政权，史称西晋。西晋后来统治集团内部争权夺利，北方的少数民族不断南侵，西晋灭亡。司马氏南迁建立了东晋王朝。最后，东晋大将刘裕掌握了朝政，建国号宋，东晋灭亡。

宋[1]齐继[2]，梁陈承[3]，为南朝[4]，都金陵[5]。

【注释】

1. 宋、齐、梁、陈：东晋之后中国南方依次相传的四个朝代。
2. 继：继续。
3. 承：承接，继承。
4. 南朝：宋、齐、梁、陈四朝的总称。从刘裕称帝到陈后主亡国共存在了170年。
5. 金陵：今南京。战国时楚威王在这里设置金陵邑，三国时吴国在此建都，称为建业。西晋末年改名为建康，南朝时皆称为建康。

【点评】

东晋之后，中国南方先后建立四个朝代，即宋、齐、梁、陈，这在历史上称为南朝，都城都在金陵（今南京）。两晋以后，中国进入了南北朝时期，这是一个比较长的分裂时期，历时170年。在此期间，南方先后出现宋、齐、梁、陈四朝。

北[1]元魏[2]，分东西[3]，宇文周[4]，与高齐。

【注释】

1. 北：北朝。
2. 元魏：指拓跋珪建立的北魏政权。
3. 分东西：指北魏分裂成东魏和西魏。
4. 宇文周：指宇文觉建立的北周政权。

【点评】

两晋以后，中国北方先后出现 16 个小朝廷，历史上称为“十六国时期”。鲜卑贵族拓跋氏建立的北魏逐渐强大，逐渐统一了北方。北魏孝文帝在位时实行汉化政策，将拓跋氏改姓为“元”，所以北魏又称“元魏”。后来北魏发生内乱分裂为东魏和西魏。西魏的都城在成安（现西安），宇文氏篡夺了政权，改国号为周，历史上称为北周。东魏都城从洛阳迁到了邺（今河北临漳），把持东魏朝政的高氏篡夺了政权，改国号为齐，历史上称为北齐。

迨[1]至隋，一[2]土宇[3]，不再传[4]，失统绪[5]。

1. 迨：等到。
2. 一：统一。
3. 土宇：国家。
4. 不再传：意思是只传了一代，没有再传第二次。指隋朝在隋文帝杨坚之后只传给了隋炀帝杨广，就亡国了。
5. 统绪：统治。

【点评】

北周后期，杨坚掌握了朝政大权，后建立了隋朝，杨坚即是隋文帝。隋朝灭掉了江南的陈朝，统一了中国。隋朝只传到第二代隋炀帝就灭亡了，仅仅存在了 38 年。隋朝的开国之君隋文帝是一个很有作为的皇帝，他还创造了科举制度，这在当时是一种非常科学、公正的官吏选拔方式。隋炀帝时期，兴修了举世闻名的大运河，加强了南北经济的交流。大运河是我国历史上伟大的工程之一，但开凿大运河消耗了大量的人力财力，给老百姓带来沉重的负担，百姓苦不堪言。隋炀帝荒淫无道，最终导致隋朝崩溃灭亡。

唐高祖[1]，起义师[2]，除[3]隋乱，创国基[4]。

【注释】

1. 唐高祖：李渊。原在隋朝做官。隋末时李渊率兵起义，最终得到天下。
2. 义师：为正义而战的军队。
3. 除：消除，平复。
4. 国基：建立国家的基础。

【点评】

隋朝末年由于隋炀帝穷奢极欲，全国各处爆发起义。李渊起兵攻占长安，在长安称帝，建立唐朝，他就是唐高祖。

二十传[1]，三百载[2]，梁[3]灭之，国乃[4]改。

【注释】

1. 二十传：指唐朝传了 20 个皇帝，约数。
2. 三百载：指唐朝存在了 300 年，约数。
3. 梁：指 907 年朱温灭掉唐朝篡位称帝后建立的梁朝，这时改变了唐朝的国号。
4. 乃：于是，才。

【点评】

唐朝总共传了 22 个皇帝，存在了 290 年。李渊之子李世民率兵陆续消灭各地的割据势力，发动“玄武门之变”，继承了皇位。他就是唐太宗，改年号“贞观”。贞观年间国力强大，政治清明，天下太平，完成了统一中国的大业，奠定了唐朝伟业的基础，被称为“贞观盛世”。唐太宗是历史上一代明君。唐朝是中国历史上强盛的朝代之一。到了唐朝末年，爆发了黄巢领导的农民大起义。黄巢部将朱温叛变，投降唐朝，改名朱全忠，907 年篡夺唐朝皇位，改国号为梁，历史上称为后梁，他就是梁太祖。

梁唐晋，及汉周[1]，称五代，皆有由[2]。

【注释】

1. 梁唐晋，及汉周：指五代时期中国北方依次相传的五个朝代。
2. 由：理由，原因。

【点评】

唐朝以后，中国北方先经过五个朝代，即后梁、后唐、后晋、后汉、后周，历史上称为五代。这一时期，中国南方和北方还先后建立十个小朝廷，历史上称为“十国”。五代及十国的兴起及灭亡都是有一定原因的。

炎宋[1]兴，受[2]周禅[3]。十八传，南北混[4]。

【注释】

1. 炎宋：赵匡胤建立的宋朝。
2. 受：接受。
3. 周禅：后周的禅让。
4. 混：混乱，混战。

【点评】

赵匡胤曾随周南征北战，后来在陈桥驿发动兵变，后周皇帝被迫禅让帝位，赵匡胤建立宋朝（北宋），史称“陈桥兵变”。宋朝一共传了十八代皇帝。北宋后期，朝政腐败，由女真族建立的金国向宋朝发起进攻，北宋灭亡。北宋灭亡之后，宋室赵构南渡称帝，建都临安（今杭州），史称南宋，南宋与金共进行了五次重要的战争，最后两国都为蒙古人建立的元朝所灭。两宋遭受少数民族南下侵扰，造成了南北混战的局面。

辽与金[1]，帝号纷[2]。迨[3]灭辽，宋犹存[4]。

【注释】

1. 辽与金：辽，五代时期中国北方契丹族建立的政权。金，北宋时期中国东北方女真族人建立的政权。
2. 帝号纷：指辽国和金国的帝位继承关系非常复杂。
3. 迨：到。
4. 宋犹存：是说到辽国灭亡时，南宋还在江南存在着。

【点评】

北宋时期，中国北方还有契丹族建立的王朝辽国和女真族建立的金国。辽国和金国的皇位传承都非常复杂。到金国灭掉辽国的时候，南宋王朝依然存在。

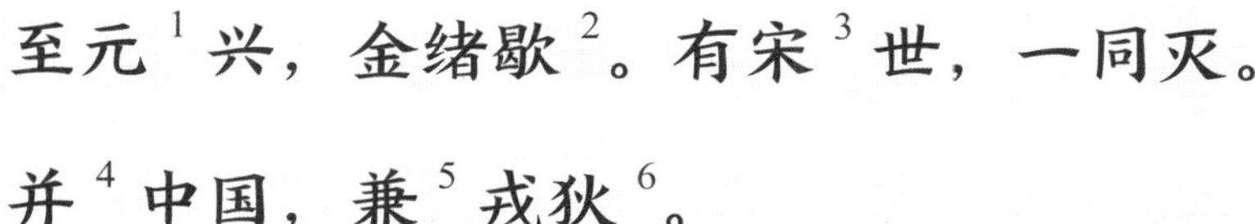

至元[1]兴，金绪歇[2]。有宋[3]世，一同灭。

并[4]中国，兼[5]戎狄[6]。

【注释】

1. 元：元朝。
2. 金绪歇：金国的统治结束。
3. 有宋：即宋朝。
4. 并：吞并。
5. 兼：兼并。
6. 戎狄：古代对西方和北方少数民族的总称。

【点评】

元朝兴起的时候，金朝的统治结束。虽然南宋依然存在，但最终同样为元所灭。元朝把汉族和西部北部少数民族建立的政权都统一起来，元朝统一中国后，其疆域辽阔起来，超过之前的任何一个朝代，基本上奠定了我国疆域的雏形。元朝又称大元，是中国历史上第一个由少数民族（蒙古族）建立并统治中国全境的封建王朝，是中国历史上一个疆域广阔的王朝。元朝由蒙古族元世祖忽必烈于 1271 年建立，次年定都大都（今北京市），1279 年灭南宋，完成统一。

明太祖[1]，久[2]亲师[3]，传建文[4]，方[5]四祀[6]。

【注释】

1. 明太祖：朱元璋，明朝的建立者。
2. 久：时间长，多年。
3. 亲师：亲自率军征战。
4. 建文：朱元璋的孙子。
5. 方：才，仅仅。
6. 祀：年。四祀：四年。

【点评】

元朝末年，全国爆发反元起义，朱元璋长期亲自统率军队，身经百战，消灭了各地割据势力建立了明朝，他就是明太祖。朱元璋死后，传位给他的孙子即建文帝。建文帝在位只有四年。

迁北京，永乐[1]嗣，迨崇祯[2]，煤山[3]逝。

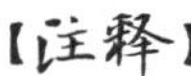

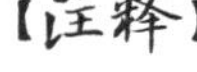

【注释】

1. 永乐：明成祖朱棣的年号。
2. 崇祯：明朝最后一个皇帝明思宗朱由检的年号。
3. 煤山：北京故宫北边的土山，现在叫景山。

【点评】

建文四年(1402 年)分封在北京的朱元璋的第四子燕王朱棣起兵夺取皇位，他就是明成祖。改年号为永乐，并且把国都从南京迁到北京。明朝共传 16 个皇帝，到最后一个皇帝崇祯时，农民起义的浪潮席卷全国，李自成的起义军攻占北京，崇祯皇帝在煤山（ 今北京景山 ）自缢而死，明朝灭亡。

清太祖[1]，膺[2]景命。靖[3]四方，克[4]大定。

至世祖[5]，乃大同[6]，十二世，清祚[7]终。

【注释】

1. 清太祖：爱新觉罗·努尔哈赤，统一女真（满族的前身）各部，建立后金。
2. 膺：接受。
3. 靖：平定。
4. 克：达到。
5. 世祖：指顺治帝爱新觉罗·福临。
6. 大同：统一天下。
7. 祚：帝位。

【点评】

史称清太祖努尔哈赤，顺承天意平定了各地的混乱，建立了政权，使得老百姓过上了安定的生活。努尔哈赤建立了八旗制度，他是最高统帅，他的子、侄则是各旗的统帅，称“贝勒”，努尔哈赤自称“可汗”，建国号“金”，史称后金，这就是后来“大清”政权的前身，为大清政权的崛起铺平了道路，努尔哈赤是大清王朝的奠基人。清朝的最后一位皇帝是爱新觉罗·溥仪，他也是中国封建帝国历史上的最后一位皇帝。1911 年辛亥革命爆发，清王朝正式结束了在中国的统治。1967 年溥仪在北京去世。著有《我的前半生》一书。

廿二史[1]，全在兹[2]，载[3]治乱[4]，知兴衰[5]。

【注释】

1. 廿：二十。廿二史：即二十二史。中国历代的正史，在清初期称二十二史。
2. 兹：此，这里。
3. 载：记载。
4. 治乱：太平之世与乱世。
5. 兴衰：指历代的兴起与衰亡。

【点评】

从司马迁的《史记》到清代官修的《明史》，记述中国历史的二十二部正史，被称为“二十二史”，这些史书记载着历代治世与乱世的详细情况。读一读这些史书，可以了解历代兴衰的具体过程和其中的原因。

勤学篇

读史者，考[1]实录[2]。通古今，若[3]亲目。

口而诵[4]，心而惟[5]，朝于斯[6]，夕于斯。

【注释】

1. 考：推敲，研究。
2. 实录：历史资料。
3. 若：犹如，好像。
4. 诵：出声阅读，即朗读。
5. 惟：思考。
6. 斯：这，此。

【点评】

研究历史的人应该注重查考历史实录，了解古往今来事件的前因后果，就像自己亲眼看见一样。读史书时，应一边开口朗诵，一边用心思考，同时早上晚上都要把心思用在学习上，不能有松懈。这是南宋理学大师朱熹的观点。朱熹有《朱子读书法》，详细地讲述了他关于读书的见解。读史书要有思考和辨别，需要多方查证，认真思考，辨别真伪；同时读书要讲究方法：口诵、“心惟”、勤勉，做到这三点，就能学有所成。这是古人给我们的宝贵经验。

昔[1]仲尼[2]，师[3]项橐[4]。古圣贤，尚[5]勤学。

【注释】

1. 昔：从前。
2. 仲尼：孔子。
3. 师：以……为老师。
4. 项橐：鲁国的神童。
5. 尚：崇尚。

【点评】

从前，孔子十分好学，曾拜七岁的项橐为老师。古代的圣贤都崇尚勤学苦读，孔子是个品德高尚且很有学问的人，可他还是不放过任何学习的机会，虚心向一个小孩子请教问题。人无论天分有多高，都不可以自满。孔子这种不耻下问的精神值得我们学习。在知识面前不分长幼尊卑，人人平等，这也是对知识的尊重。

赵中令[1]，读鲁论[2]。彼既仕[3]，学且勤。

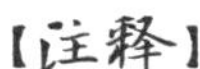

【注释】

1. 赵中令：宋朝宰相赵普。
2. 鲁论：当时鲁国人所传的《论语》。
3. 仕：做官。

【点评】

北宋初年的名臣赵普，曾担任中书令的官职，赵普爱读书，职位高了仍然勤读不辍。对于朝中大事的决策他都要到书中寻找答案，而这部常用的书竟然只是一部《论语》。他自己曾对宋太宗说："我所知只有一部《论语》，凭借半部曾帮助太祖平定天下，现在凭借半部辅佐您达到天下太平。"于是人们就流传开一种说法，说赵普是靠半部《论语》治天下的。赵普为宋王朝的建立和巩固立下了很大的功劳。他非常重视《论语》，就是在政务繁忙的时候也不忘阅读。这个故事也告诉我们，勤奋学习才可能有所成就。

评

披[1]蒲编[2]，削竹简[3]。彼无书，且知勉。

【注释】

1. 披：分开，劈开。这里指披阅。
2. 蒲编：用蒲草编连而成的书籍。
3. 竹简：古时候还未发明纸张时，用来抄书的长条竹片。

【点评】

西汉时的路温舒年少时家庭贫困，为人放羊时割来蒲草编成席子在上面写字，编成书册抄书阅读。路温舒后来成为汉代有名的法学家。他上书汉宣帝，要求改革法律制度，做了很多对人民有益的事情。公孙弘家境贫寒，他想读书却没有钱买，就自己动手削竹片做成书册的样子，又自己动手抄书，成为很有学问的人。后来，公孙弘做官做到宰相，成为汉代名臣。他们两人都是在没有条件读书的情况下自己创造条件读书，努力学习。现在我们很多人都有良好的学习环境和优越的条件，就更应该用心学习了。

评

头悬梁[1]，锥刺股[2]。彼不教[3]，自勤苦。

【注释】

1. 头悬梁：头发挂在屋梁上。
2. 股：大腿。锥刺股：用锥子刺大腿。
3. 教：教导，指点。

【点评】

汉朝的孙敬年轻时候读书常到深夜，为了不使自己因打瞌睡耽误读书，就把头发吊在屋梁上。战国时期的苏秦年轻时胸有大志，手不释卷地苦读，晚上读书打瞌睡时，他就用锥子刺自己大腿，刺疼了不打瞌睡继续读书。苏秦以“合纵”的战略计划游说六国，得到六国的信任能够“佩戴”六国的相印，成为战国时期非常著名的人物。这两个人这样刻苦学习，并不是按照别人的指教去做的，而是出于自觉的行为。我们今天应当学习他们这种刻苦精神，但这种有些极端的做法不宜简单模仿。

如囊萤[1]，如映雪[2]。家虽贫，学不辍[3]。

【注释】

1. 囊萤：把萤火虫装在纱袋里。
2. 映雪：借着雪光的映照看清书页。
3. 辍：停止。

【点评】

东晋时候的车胤，小时候家里贫穷，没有钱买油灯，夏天他就捉了一些萤火虫放在纱袋里，用来照亮书页读书。后来做官做到吏部尚书，是东晋的名臣之一。孙康是西晋人，小时候因家贫买不起油灯，冬天他就到外面雪地里映着雪光读书，后来成为著名学者，入朝为官，做到御史大夫。这两个故事是古代刻苦读书的著名典故。

如负薪[1]，如挂角[2]。身虽劳，犹苦卓[3]。

【注释】

1. 负薪：背柴或担柴。
2. 挂角：把物品挂在牛的犄角上。
3. 苦卓：刻苦自立。

【点评】

汉朝的朱买臣常常一边砍柴一边读书，在背柴回家的路上，将书放在担头边走边读。后来朱买臣学识渊博，受到赏识，官至中大夫。隋朝的李密少时发奋苦读，他外出放牛，将《汉书》挂在牛角上，认真研读，被宰相杨素遇见，称赞他有志向，钦佩他的才学。李密"牛角挂书"的美名也同时流传开来。这两个人一个砍柴，一个放牛，虽然都身处艰苦的生活环境，却不放弃刻苦读书以求成才自立，后来成为很出色的人，值得后人学习。

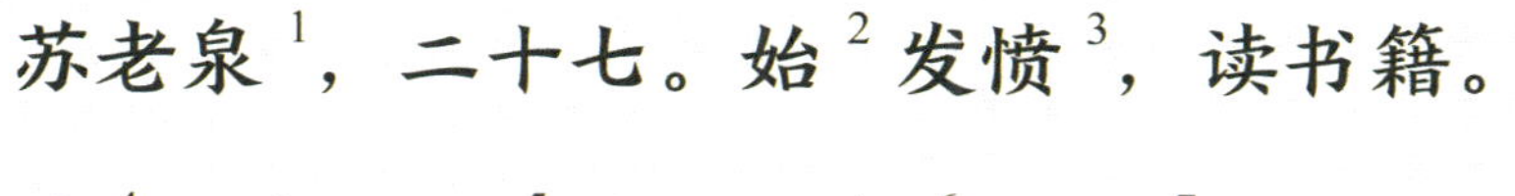

苏老泉[1]，二十七。始[2]发愤[3]，读书籍。

彼[4]既老，犹[5]悔迟。尔[6]小生[7]，宜早思。

【注释】

1. 苏老泉：宋朝文学家苏洵，号老泉，与其子苏轼、苏辙并称“三苏”，均被列入“唐宋八大家”。
2. 始：才。
3. 愤：努力。
4. 彼：指苏洵。
5. 犹：还，尚且。
6. 尔：你，你们。
7. 小生：年轻一辈。

【点评】

古代的很多读书人都知道珍惜时间、趁早读书的重要性，汉乐府的《长歌行》中有这样的诗句：“百川东到海，何时复西归？少壮不努力，老大徒伤悲。”晋朝陶渊明也有“惜时”诗：“盛年不重来，一日难再晨，及时当勉励，岁月不待人。”对于许多人来说，年轻时才是读书的最佳时间。唐宋八大家之一的苏洵，到了二十七岁的时候，才认识到学习的重要性，下决心努力学习，力求精进，经过五六年苦读，学识大增，后来成了大学问家。苏老泉上了年纪，尚且后悔没有好好读书，我们年纪轻轻，更应该珍惜大好时光。应当早点觉悟，抓紧时间读书，不要到了年老一事无成，再去后悔叹息，终是于事无补。

若[1]梁灏，八十二。对大廷[2]，魁[3]多士[4]。

彼既成[5]，众称异[6]。尔[7]小生，宜立志。

【注释】

1. 若：比如。
2. 大廷：朝廷。对大廷：参加殿试。
3. 魁：第一名。
4. 多士：众多的人。
5. 成：成功。
6. 称异：感到惊讶、赞叹。
7. 尔：你，你们。

【点评】

据传说，五代十国时期的梁灏，82 岁高龄时在朝廷进行的进士考试中，名列进士之首，夺得状元。大家都称赞这是一件了不起的奇事，历史上有很多像梁灏那样大器晚成的人。战国时的荀子，50 岁时还在齐国游学。荀子写过《劝学篇》强调学习的重要性，他指出知识和德行修养是通过积累而成，学无止境。不是所有人都会大器晚成，有的人只会一事无成。一个善于学习的人，能够从书本以及生活中源源不断地获得成长的动力，走向人生的高峰。梁灏的故事告诉我们：读书学习一定要坚持，不能遇到挫折就放弃。坚持下来就一定会有成绩。做学问不是一朝一夕的事，而是一辈子的事。

莹[1]八岁，能咏诗，泌[2]七岁，能赋棋[3]。

彼颖悟[4]，人称奇[5]。尔幼学[6]，当效之[7]。

【注释】

1. 莹：北魏祖莹。
2. 泌：李泌，唐代名臣。
3. 赋棋：以围棋为题材赋诗。
4. 颖悟：聪明，领悟能力强。
5. 称奇：表示惊奇。
6. 幼学：初入学的儿童。
7. 效之：学习效仿他们。

【点评】

北魏的祖莹，八岁就能诵读《诗经》。唐朝的李泌，七岁时就能写出咏围棋的诗。他们两个人的聪明和才智，被当时的人们称赞、佩服。现在刚刚开始求学的人，应该效仿他们，发挥聪明才智，努力用功读书。祖莹和李泌从小就特别聪明，但是如果他们不知努力，反而会为聪明所误。所以求学的人应该努力用功，从小养成学习的好习惯，才能有进步。

蔡文姬[1]，能辨[2]琴，谢道韫[3]，能咏吟[4]。

彼女子，且聪敏，尔男子，当自警[5]。

【注释】

1. 蔡文姬：其父为东汉著名文学家蔡邕。
2. 辨：辨别。
3. 谢道韫：女诗人。著名书法家王羲之之子王凝之的妻子。
4. 咏吟：作诗。
5. 自警：自我警惕，自我激励。

【点评】

古代有许多出色的才女。东汉末年的蔡文姬能分辨琴声，通音律；晋朝的谢道韫则能出口成诗，以文思敏捷有才辩留名于世。在中国古代，读书做学问被认为是男子们该做的事情，有“女子无才便是德”的说法，但史上还是出现了一些才女，除了文中提到的蔡文姬、谢道韫，还有西汉的卓文君，唐朝的薛涛，南宋的李清照，明朝的柳如是等，她们才华横溢，不逊色于男子。《三字经》在这里是告诫男子，如果不好好学习，那就是女子都不如了。这种说法体现了一种男尊女卑的思想观念。这种思想虽不可取，但是我们应该这样来理解：不管男子还是女子，如果不努力，就会被对方比下去。这是一种激励人努力的说法。大家都应该好好学习，认识学习的重要性。蔡文姬琴艺超人，她曾被匈奴人虏到胡地，在那里思念故土，回汉后结合自己的悲惨经历，创作了哀怨惆怅令人断肠的琴曲《胡笳十八拍》。谢道韫因即兴咏叹大雪纷飞的诗句，所用比喻精妙、意境优美而为人称道，后世就用“咏絮才”来称赞有文才的女子了。

唐刘晏[1]，方[2]七岁，举[3]神童，作[4]正字[5]。

彼[6]虽幼，身[7]已仕[8]。尔幼学，勉而致[9]。

有为者[10]，亦若是[11]。

【注释】

1. 刘晏：七岁时就能作诗写文章，是大家公认的神童。
2. 方：才。
3. 举：推举。
4. 作：担任。
5. 正字：官名，负责刊正文字。
6. 彼：指刘晏。
7. 身：本身。
8. 仕：做官。
9. 致：做到，达到。
10. 有为者：有作为，肯努力的人。
11. 若是：像他一样。

【点评】

唐玄宗时，有一个名叫刘晏的七岁孩童，他向唐玄宗献诗被唐玄宗封为神童，被任命为刊正文字的官职。刘晏虽然年纪很小，却已经成为朝廷的官员。所以有作为、肯努力的人，将来也可以成为和他一样的人。刘晏是中国历史上有明确记载的仅有的一个被皇帝钦点为神童的人。他也成为后世学子心目中的榜样。刘晏的早慧固然令人羡慕，但他的成功更重要的是自强自立，奋发刻苦。普通人只要具备了这种精神，努力学习，哪怕天资并不优越，也同样能取得成功。这就是这段文字的中心思想。

犬守夜[1]，鸡司晨[2]。苟[3]不学，曷[4]为人。

【注释】

1. 守夜：夜间看守门户。
2. 司晨：早晨打鸣。
3. 苟：假如，如果。
4. 曷：何，怎么。

【点评】

狗和鸡这两种动物是日常生活中最常见的。狗在夜间会替人看守家门，鸡在天亮时报晓。人如果不能用心学习，而是迷迷糊糊过日子，那又有什么资格称为人呢？这里通过对比，用动物做反衬，说明生而为人，就一定要勤学，成为一个对社会有用的人。晋朝祖逖少年时候就有复兴国家建功立业的大志向，在睡梦中听到公鸡的鸣叫声就和朋友刘琨起床练习剑术。功夫不负有心人，后来祖逖被封为镇西将军，刘琨做了都督。祖逖“闻鸡起舞”的故事告诉我们：具有远大抱负的人，常常在别人放松的时候也不忘努力，当你比别人多付出一分努力的时候，你就可能超越别人，成为一个优秀者。

蚕吐丝，蜂酿[1]蜜，人不学，不如物[2]。

【注释】

1. 酿：酿造。
2. 物：动物。

【点评】

蚕能够吐丝，供人们做衣服用；蜂能够酿蜜，供人们食用，它们都有创造的能力。人要是不懂得学习，什么本领也没有，恐怕连蚕和蜂这样的昆虫都不如啊！蚕和蜂是动物里面最微小的，而它们做的贡献却很大。祖逖和刘琨闻鸡起舞，勤奋学习，最终成为能文能武的人才，实现了报效国家的愿望。如果人不知道勤奋学习，没有知识和技能为社会服务，就可能连小动物都不如了。

评

幼而学，壮[1]而行[2]。上[3]致君[4]，下[5]泽民[6]。

扬[7]名声，显父母[8]，光于前[9]，裕[10]于后[11]。

【注释】

1. 壮：壮年。

2. 行：做事，实践。

3. 上：对上。

4. 致君：辅佐国君，使他成为圣明的君主。

5. 下：对下。

6. 泽民：造福民众。

7. 扬：传播。

8. 显：显扬，显耀。显父母：即为父母争光。

9. 前：指祖宗。

10. 裕：惠泽。

11. 后：指子孙。

【点评】

这里讲的勤奋学习的目的。我们只有在幼年时努力学习不断充实自己，长大后才能有所作为，上替国家效力，下为百姓造福。关于勤奋学习，古人给我们留下很多名言警句。大书法家颜真卿曾作诗道：“三更灯火五更鸡，正是男儿读书时。黑发不知勤学早，白首方悔读书迟。”自古以来，中国传统的知识分子都以范仲淹的两句话作为人生准则。这就是“居庙堂之高则忧其民，处江湖之远则忧其君”“先天下之忧而忧，后天下之乐而乐”。这意思是人生在世，要始终把国家和人民的利益摆在首位，考虑自己的利益永远在第二位。这反映出有为之士的高尚情操。如果你为国家作出了很大贡献，名扬四海，让父母得到荣耀，也为祖先增添了光彩，还为后代作出了好的榜样，让子孙后代因此受益。光宗耀祖，荫庇后人，是中国古代读书人求学上进的终极目的。今天的我们读书则不应当仅仅为了这个目标，而应志存高远。

人[1]遗[2]子，金满籝[3]，我教子，惟[4]一经[5]。

勤有功[6]，戏[7]无益，戒[8]之哉，宜勉力[9]。

【注释】

1. 人：别人。
2. 遗：留给，留下。
3. 籝：竹子编的箱子。
4. 惟：只有。
5. 经：指儒家的经典著作。一经：一套经典著作，不是单指的哪一种，这里也指《三字经》。
6. 有功：取得成果。
7. 戏：玩乐。
8. 戒：提防，警惕。
9. 勉力：努力。

【点评】

汉朝时著名丞相韦贤，当时人称“邹鲁大儒”，精通《诗经》《礼记》《尚书》。他在辞官时汉宣帝赏赐他百斤黄金，但韦贤并没有把这些财富留给子孙，而是教导他们勤学苦读。后来他的儿子都很有出息，特别是小儿子也因精通经学而官位做到了丞相。因此韦贤父子有了“父子丞相”的美名。《三字经》作者用这个故事是想说，《三字经》中凝结了很多为人处世的道理，这是祖先留给后代千金难买的财富。这也是作者写在文段最后的劝学箴言。再次告诫青少年只顾贪玩、把读书当作儿戏，只会浪费大好时光，对人生没有益处。所以，我们要使自己的人生不虚度，必须时刻提醒自己勤学上进，不贪玩乐。韩愈曾说，“业精于勤荒于嬉，行成于思毁于随”，意思是学业由于勤奋而专精，由于玩乐而荒废；德行由于独立思考而有所成就，由于随随便便而毁灭。古往今来，多少成就事业的人都证明了这个道理。这也是整部《三字经》的出发点和落脚点。